8° R
23616

Jacques-Raoul Gaubert

Comment on devient Surhomme

Ce qu'est en réalité la théorie du Surhomme. La morale et la politique Surhumaines. Acquisition de la Volonté et perfectionnement de soi-même. Appel aux âmes héroïques.

« ÉDITION FRANÇAISE »

IMPRIMERIE L. LABRUNIE

Pamiers (Ariège)

COMMENT ON DEVIENT

SURHOMME

COMMENT ON DEVIENT

SURHOMME

Une Philosophie pour les Hommes d'Action

PAR

Jacques-Raoul GAUBERT

ÉDITION FRANÇAISE
34, rue d'Ulm, 34
PARIS, 1910

Tous Droits réservés

INTRODUCTION

CE QU'EST EN RÉALITÉ LA THÉORIE DU SURHOMME

INTRODUCTION

Ce qu'est en réalité la théorie du Surhomme

> Le résultat direct de cette guerre de la nature, qui se traduit par la famine et par la mort, est donc le fait le plus admirable que nous puissions concevoir, à savoir : la production des animaux supérieurs.
>
> Charles DARWIN (Origine des Espèces)

Après les travaux de Darwin et d'Huxley en Angleterre, d'Haeckel et de Büchner en Allemagne, de Carl Vogt en Suisse, de Giard et de Félix Le Dantec en France, il n'est plus permis de douter aujourd'hui de la descendance de l'homme. Et de fait personne n'en doute plus. Selon le mot d'un savant moderne, actuellement, « seuls les ignorants ou les abrutis peuvent nier le transformisme ».

Toutes les branches de la science appliquent maintenant la théorie de l'évolution.

Cette théorie a révolutionné non seulement l'histoire naturelle, mais la médecine, la psychologie, l'histoire littéraire et l'histoire politique, en un mot tout le domaine positif de la pensée et de l'intelligence.

Avec elle, par la découverte des microbes, les maladies ne sont plus qu'une phase de la lutte éternelle pour l'existence. La psychologie comparée nous montre, grâce aux travaux de Wundt, le mécanisme évolutif de la pensée. L'histoire depuis Taine n'est plus que l'application scientifique des influences transformistes : race, milieu, moment, ou comme aurait dit Darwin : hérédité, conditions extérieures et conditions ambiantes.

Le transformisme est partout. Il est passé dans les mœurs. Sans peut-être se l'avouer chacun l'applique plus ou moins inconsciemment.

Il n'est pas un lycée, pas un collège même clérical où on ne soit obligé de l'enseigner clairement en étudiant la Zoologie et surtout la Géologie.

Celui qui aujourd'hui voudrait expliquer la succession des temps géologiques et la formation des couches sédimentaires, sans parler de l'évolution, ne le pourrait pas. Les faits sont là, indéniables et indéniés.

Or pour un esprit logique, un de ces esprits de justesse qui, selon le mot de Pascal, découvrent vivement et profondément les conséquences des principes, il est un raisonnement qui vient tout de suite à la pensée et qui dit : *Si la science a raison, si l'évolution existe, cette évolution ne s'arrêtera pas à l'homme.* De même que l'humanité est sortie d'espèces inférieures lorsque les premiers hommes se sont trouvés assez forts pour acquérir une supériorité incontestée sur leurs frères de la veille ; de même, les hommes supérieurs formeront des espèces nouvelles le jour où ils ne craindront pas d'affirmer leur supériorité. *Quel est l'être borné qui oserait soutenir que l'évolution a duré 100 millions d'années pour s'arrêter à l'humanité, type immuable de la perfection. Puisque tout évolue, l'humanité évoluera. Et puisque l'évolution veut que dans chaque espèce la variété mieux adaptée détruise l'espèce souche pour former des espèces supérieures, l'humanité disparaîtra plus ou moins rapidement pour faire place à une espèce plus apte que, faute d'autre dénomination plus caractéristique, nous devons appeler provisoirement SURHUMANITE.*

Et voilà le mot de l'énigme surhumaine.

Le surhomme n'est ni le premier goujat venu, ni tel ou tel grand homme : c'est l'homme supérieur qui, conscient de sa force et de sa valeur, n'hésite pas à rejeter dans le néant ou dans le passé la pitié pour ses frères n'ayant pas évolué et dit avec dédain : je ne suis plus de la même espèce.

Qu'il soit supérieur ou qu'il n'y soit pas, celui-là est déjà un surhomme qui sort volontairement de l'humanité : Il est un surhomme puisqu'il n'est plus un homme, puisque, par le seul fait de sa volonté supérieure, il fait partie de l'espèce à venir, stade « au delà » de l'évolution des êtres organisés. Quant à savoir s'il est vraiment le surhomme, s'il est bien un individu de l'espèce qui en fin de compte domptera l'humanité, rien ne peut le faire conjecturer. Ce qui fera le vrai surhomme, ce sera la victoire définitive. Etre c'est lutter, vivre c'est vaincre. Que tous ceux qui se croient des surhommes luttent selon leurs moyens, la victoire leur dira s'ils ont raison et la défaite, s'ils ont tort.

CHAPITRE I

———

LA MORALE SURHUMAINE

La morale surhumaine

> Etre c'est lutter, vivre c'est vaincre.
>
> Félix Le Dantec.

I

A-t-on assez crié contre l'immoralisme de la morale surhumaine ?

Comme par enchantement, tous les Prudhommes de la philosophie, de la littérature et de la critique, — voire même de la politique — se sont trouvés d'accord pour flétrir "au nom des immortels principes…" ce que l'on a appelé "la Morale de Nietzsche".

Or il n'y a pas de « Morale de Nietzsche ».

La morale que préconise Zarathoustra n'est autre que la morale de Darwin; Nietzsche ne fait que la mettre plus ou moins en pratique; et tout ce que l'on a trouvé chez lui d'« immoral » ou d'« amoral » a été dit ou écrit déjà par Darwin ou par un de ses disciples les plus autorisés.

La prétendue morale de Nietzsche prêche l'égoïsme, se moque de la pitié, n'aime que la force, et ne croit qu'à la victoire qui sanctifie toute cause. Or qu'est cela, sinon la loi universelle du Struggle for life ?

L'égoïsme... ? Il résulte forcément de la lutte pour l'existence. Haeckel, dans « Les Enigmes de l'Univers » trouve que : « la doctrine de la vertu chrétienne a commis une grande faute en ne faisant un commandement que de l'altruisme et en rejetant l'égoïsme. » Et le Dantec dit textuellement : « Notre moi est pour nous tout l'univers ! »

La pitié...? Darwin la combat ouvertement en montrant que l'on n'a de pitié que pour les maux qui pourraient nous arriver : ce qui permet à l'homme supérieur de n'avoir aucune pitié pour l'homme vulgaire dont les malheurs sont au-dessous de lui.

Toute la théorie de la lutte pour la vie et de la sélection naturelle, n'est que la glorification de la force.

Et notre Le Dantec national, résumant la théorie de Darwin a écrit : « Etre c'est lutter, vivre c'est vaincre », ce qui sanctifie aussi toute guerre.

Cela c'est la théorie, la morale de Nietzsche et des transformistes. Mais combien pâle, combien « morale » est cette doctrine « immorale » en comparaison de la véritable théorie de Darwin telle que le père du transformisme l'a formulée dans « L'Origine des Espèces ».

« On peut se demander, dit-il, comment les variétés que j'ai appelées espèces naissantes ont fini par se convertir en espèces vraies et distinctes, lesquelles dans la plupart des cas diffèrent évidemment beaucoup plus les unes des autres que les variétés d'une même espèce; comment se forment ces groupes d'espèces qui constituent ce qu'on appelle les genres distincts, et qui diffèrent plus les uns des autres que les espèces du même genre ? Tous ces effets, comme nous l'expliquerons de façon plus détaillée dans le chapitre suivant, découlent d'une même cause : la lutte pour l'existence. Grâce à cette lutte, les variations quelques faibles qu'elles soient et de quelque cause qu'elles proviennent, tendent à préserver les individus d'une espèce et se transmettent ordinairement à leur descendance, pourvu qu'elles soient utiles à ces individus dans leurs rapports infiniment complexes avec les autres êtres organisés et avec les conditions physiques de la vie. Les descendants auront, eux-aussi, en vertu de ce fait, une plus grande chance de persister; car, sur les individus d'une espèce quelconque nés périodiquement, un bien petit nombre peut survivre. J'ai donné à ce principe, en vertu duquel une variation si insignifiante qu'elle soit se conserve et se perpétue, si elle est utile, le nom de sélection naturelle, pour indiquer les rapports de cette sélection avec celle que l'homme peut accomplir. Mais l'expression qu'emploie souvent M. Herbert Spencer : « *la persistance du plus apte* » est plus exacte et quelquefois tout aussi commode. »

Et de cette lutte pour l'existence il tire la « morale » suivante :

« Si une espèce, quelle qu'elle soit, ne se modifie pas et ne se perfectionne pas aussi vite que ses concurrents, *elle doit être exterminée.* »

« L'extinction des espèces et de groupes d'espèces tout entiers, qui a joué un rôle si considérable dans l'histoire du monde organique, est la conséquence inévitable de la sélection naturelle; *car les formes anciennes doivent être supplantées par les formes nouvelles et perfectionnées.* »

« *La lutte est presque toujours beaucoup plus acharnée entre les individus appartenant à la même espèce.* »

« Ce sont les formes les plus voisines, les variétés de la même espèce et les espèces du même genre ou des genres voisins, qui, en raison de leur structure, de leur constitution et de leurs habitudes analogues, luttent ordinairement le plus vigoureusement les unes avec les autres; en conséquence, chaque variété ou chaque espèce nouvelle, pendant qu'elle se forme, *doit lutter ordinairement avec plus d'énergie avec ses parents les plus proches et tendre à les détruire.* »

Voilà toute la morale naturelle qui s'applique à tous les animaux, sans excepter l'homme, car Darwin le dit lui-même : « *L'homme subit les mêmes maux physiques que les autres animaux, il n'a donc aucun droit à l'immunité contre ceux qui résultent de la lutte pour l'existence.* »

Il n'y a pas à discuter sur la réalité de la lutte pour l'existence. C'est un fait incontestable. Elle résulte, selon l'expression de Darwin : « inévitablement de la rapidité avec laquelle tous les êtres organisés tendent à se multiplier. Il n'y a aucune exception, ajoute-t-il, à la règle que tout être organisé se multiplie naturellement avec tant de rapidité que, s'il n'était détruit, la terre serait bientôt couverte par la descendance d'un seul couple. »

Pasteur avec la découverte des microbes causes des maladies est venu faire tomber la dernière objection qu'on aurait pu élever contre cette théorie que tout être lutte pour l'existence, « soit avec un autre individu de la même espèce, soit avec des individus d'espèces différentes, soit avec les conditions physiques de la vie. » Depuis lui la mort et la maladie ne sont plus que des phénomènes ordinaires de cette lutte sans merci que se livrent tous les êtres pour « persévérer dans leur être » comme dit Spinoza.

Il n'est plus permis de douter aujourd'hui que la nature soit le terrain d'une lutte impitoyable et éternelle dans laquelle chacun s'efforce de détruire son voisin, autant pour s'emparer de son habitat, de sa nourriture, de l'air qu'il respire, de la terre qu'il occupe ou parfois de lui-même, que pour ne pas être détruit par lui.

Détruire ou être détruit : voilà le dilemme.

Etre c'est lutter, vivre c'est vaincre : Cette définition doit être toute la morale de ceux qui « sont » et qui veulent « vivre ». Elle contient en principe qu'on doit vaincre ou disparaître, c'est-à-dire, lutter sans pitié, si l'on est fort, contre tout ce qui est faible, dégénéré, impuissant et veule. C'est du reste la conclusion de Darwin qui écrit : « La pensée de cette lutte universelle provoque de tristes réflexions, mais nous pouvons nous consoler avec la certitude que la guerre n'est pas incessante dans la nature, que la peur y est inconnue, que la mort est généralement prompte, et que *ce sont les êtres vigoureux, sains et heureux, qui survivent et se multiplient.* »

Il n'y a pas à discuter sur la lutte pour l'existence : elle est un fait ; je le répète. Le tout est de savoir si vous voulez être les plus forts qui vainquent, les plus aptes qui persistent, les « êtres vigoureux, sains et heureux, qui survivent et se multiplient » — en un mot, si vous voulez manger plutôt qu'être mangés ? Etre c'est lutter : vivre c'est vaincre : voulez-vous être ? voulez-vous vivre ?

Rappelez-vous le sort de vos frères : songez à la vie des Galilée, des Christophe Colomb, des Tasse ; songez aux railleries, aux sarcasmes qui accueillirent les Salomon de Caus, les Montgolfier, les Papin, les Fulton ; songez à la mort d'un Spinoza, d'un Condorcet et surtout d'un Lavoisier à qui Fouquier-Tinville dira : « *La République n'a pas besoin de savants.* » Songez à tous les grands génies, artistes, penseurs, poètes, savants, philosophes, rêveurs, explorateurs ou conquérants : tous les grands précurseurs, honnis, vilipendés, persiflés, méconnus, persécutés, assassinés ou acculés au suicide par la stupidité des foules ignorantes et la mesquine lâcheté des médiocres. Ce sont vos ancêtres. Vous êtes les fils spirituels de ces martyrs. Vous avez à les continuer, vous avez à les venger, vous avez surtout à éviter leur sort.

Que l'instinct de la conservation à défaut de toute autre considération vous donne des forces.

Ayez confiance en vous, cultivez votre moi pour acquérir le sentiment de votre valeur. Dites-vous bien que si la nature vous a fait varier dans un sens supérieur, c'est que vous êtes nécessaire à la nature. Et soyez sans pitié pour ceux qui n'ont pas varié : pour les agonisants et les dégénérés, les impuissants et les résignés. Vous n'êtes plus de la même espèce que ces gens-là. Voilà ce qu'il faut vous répéter sans cesse. Une fois que vous serez bien persuadés de cette vérité, vous ne vous occuperez pas plus de savoir si vos actes sont moraux à leurs yeux qu'ils ne s'occupent de savoir si les leurs le sont aux yeux des singes.

Vous n'êtes plus de la même espèce que ces gens-là. C'est cela qui fait votre force : Que vous importent leurs criailleries, leurs objections, leurs plaintes ou leurs maux ? Vous retournez-vous quand un chien aboie ? Répondez-vous à un âne qui brait ? Avez-vous pitié d'un cochon qu'on tue ? Et pleurez-vous sur une vache tuberculeuse ?

Suivez donc votre chemin sans vous occuper des gens. Poursuivez votre œuvre sans répondre aux critiques. Allez à votre but sans vous laisser toucher par aucune prière et en sacrifiant tout ce qui se trouve sur votre route : Vous n'êtes plus de la même espèce que ces gens-là.

Voilà la seule morale naturelle qui doit vous guider dans la vie si vous voulez être, si vous voulez vivre. Ce n'est plus le fameux axiome de Bismark. Dans la nature la force ne prime pas le droit : elle est le droit. Une seule chose importe : c'est d'être le plus fort qui vainc, le plus apte qui persiste. Tous les moyens sont bons pourvu qu'ils réussissent. Comme le dit Nietzsche : « C'est la bonne guerre qui sanctifie toute cause. »

Qu'on ne vienne pas nous parler de morale, d'altruisme : La morale n'est pas attaquée elle n'existe plus, selon l'expression de Nietzsche.

La base de la morale altruiste était la religion ; son excuse, la récompense ou la punition éternelle. Et c'est vous qui avez détruit la religion. Qu'est l'altruisme pour nous qui sommes forts et qui avons conscience de notre force ?

Une de vos maximes est : Il vaut mieux acquitter dix coupables que de condamner un innocent. Moi je dis justement le contraire. Qu'importent les innocents ? Ils ne sont pas dangereux. Un de plus ou de moins : il y aura toujours assez d'innocents dans le monde. Mais un coupable est un danger public ; et c'est une faute de laisser subsister un danger public : et en admettant que ce soit un crime de condamner un innocent, pour quelqu'un qui n'a qu'un but : la victoire, il vaut mieux commettre dix crimes qu'une faute !

Oui ! mais m'objectera-t-on — et c'est

l'unique raison d'être de cette « belle maxime » — mais…. si vous étiez l'innocent?

C'est ce qui nous différencie : J'ai assez conscience de ma force et de mon intelligence pour savoir me sortir de cette impasse. Je me suis bien tiré d'ailleurs. Et du reste ai-je l'air d'un innocent : j'ai assez vécu pour être coupable.

Voilà comment on se débarrasse de la morale altruiste, religieuse et égalitaire.

Venez nous parler après cela de devoir, de droit, d'égalité, de pitié, de mœurs et de loi. La loi est faite pour la majorité — nous sommes la minorité. Les mœurs sont celles du peuple — nous sommes l'élite. La pitié naît de la sympathie — et l'on n'a de sympathie que pour ses égaux. L'égalité de l'aveu même de Jean-Jacques n'est qu'une convention. Et le plus fort a tous les droits. Quant au devoir, Kant pour lui trouver une excuse a été obligé de ressusciter Dieu ! Allez donc parler de devoir, de droit, d'égalité, de fraternité, de lois ou de mœurs à un homme plus ou moins supérieur, animal comme un autre, auquel on enseigne qu'il n'y a ni Dieu ni punition éternelle, que la lutte est partout et que seule la victoire compte : La morale n'est pas attaquée elle n'existe plus.

Etre c'est lutter ; vivre c'est vaincre : Voulez-vous être ; voulez-vous vivre ?

II

Tous les transformistes savent que cette fameuse morale immorale de Nietzsche est la conséquence des théories de Darwin.

Quelques-uns l'ont avoué.

M. G. Vacher de Laporge, dans sa préface à la traduction Française du « Monisme » d'Haeckel, a écrit textuellement : « La crise en effet, n'est pas simplement religieuse, le principe de toute croyance est atteint. Des dogmes longtemps discutés le débat se transporte aujourd'hui sur le terrain éthique, toujours regardé comme intangible, et le vingtième siècle verra entre la morale scientifique et les morales religieuses, entre la politique sélectionniste et les autres, une plus formidable bataille que celles de la Réforme et de la Révolution. »

Huxley en Angleterre a pris nettement parti dans le même sens.

Mais la plupart des transformistes et non des moindres, dans un but que je ne veux pas rechercher essayent de tromper tout le monde en jouant sur les mots.

Ainsi dans un livre récent « Les Théories de l'Evolution », M. Yves Delage, membre de l'Institut, professeur à la Sorbonne, examine les conséquences morales du transformisme et s'écrie pompeusement : « ... la vérité absolue existerait-elle, qu'on ne pourrait pas persuader à un homme de devenir une bête de proie foulant aux pieds la vie et le bien-être de ses semblables si cela répugne à son sentiment intérieur » ; en ajoutant comme corollaire : « Il serait absurde de nous obliger de prendre pour modèle la vie des animaux, puisque l'évolution nous a amenés à un degré où nous leur sommes supérieurs sous tant de rapports... »

Chacun sait en effet qu'on ne peut pas persuader à un homme ce qui répugne à son sentiment intérieur. Ce qu'on demande à M. Yves Delage et à ses pareils c'est au contraire, ce qui avec leur morale de lutte universelle empêchera un homme de devenir une bête de proie « lorsque cela ne répugnera pas à son sentiment intérieur »

Sans parler des criminels, des fous et des sauvages, M. Delage n'est pas sans savoir qu'il est des hommes ambitieux, arrivistes, M. Delage n'est pas sans savoir que l'immense majorité lutte pour acquérir une supériorité de fortune, de science ou de situation. Or qu'est-ce qui, avec la morale transformiste, empêchera tous ces gens d'user de tous les moyens pour atteindre leur but ?...

La morale n'est pas autre chose que la manière de conduire sa vie : c'est pourquoi elle est essentiellement fondée sur la façon de concevoir la vie.

L'altruisme, la pitié, s'expliquaient, lorsqu'on envisageait la vie comme un don de Dieu, et, lorsque par suite on croyait devoir rendre compte à Dieu de ses actes. Dieu disait : aimez-vous les uns les autres ; et l'on s'aimait.

M. Delage et ses amis disent : Etre c'est lutter, vivre c'est vaincre. L'homme qui croit à leur dire ne peut qu'employer tous les moyens pour vaincre.

L'altruisme est intimement lié à la croyance en Dieu et en l'âme immortelle responsable de nos actes. Si en dehors du christianisme, des philosophes comme Socrate et Platon ont parlé d'altruisme, c'est parce que leur base était l'âme immortelle responsable devant Dieu. Kant l'a si bien senti, qu'ayant anéanti Dieu par la raison pure, il a été obligé de le ressusciter par la raison pratique comme seule excuse du devoir fondement de la morale.

Dans l'Antiquité la seule philosophie qui ait nié l'âme immortelle avec les arguments de la science moderne, la philosophie d'Epicure a abouti à l'avachissement dans l'égoïsme et la volupté. Et qu'on ne vienne pas dire que ceux qui mettaient ainsi en pratique les théories du maître étaient de faux disciples. Lucrèce le plus autorisé des Epicuriens étale tout son égoïsme inconscient dans le commencement du deuxième chant de ses poèmes par cette phrase célèbre : « Il est doux de contempler du rivage, les flots soulevés par la tempête, et le péril d'un malheureux qui lutte contre la mort : non pas qu'on prenne plaisir à l'infortune d'autrui, mais parce que la vue est consolante, des maux qu'on n'éprouve point. »

Comment, pourquoi l'homme auquel on enseigne qu'il n'est qu'un animal comme un autre, l'homme auquel on apprend que sa raison d'être est la lutte, son droit à la vie la victoire : comment, pourquoi l'homme que son intelligence a bien pénétré de ces vérités irait-il se payer le luxe de sentiments altruistes ? Par quelle aberration le pauvre, l'ouvrier, le « prolétaire conscient et organisé » aimera-t-il et supportera-t-il le riche, le patron, le dirigeant ?

J'entends ; vous allez organiser le socialisme, l'égalité ... Mais ici encore, vous êtes en contradiction avec vous-mêmes, car d'après vos théories il n'y a pas d'égalité ; vous le déclarez dans tous vos manuels d'anatomie comparée, d'histoire naturelle et de biologie, tout en prêchant le contraire dans la vie politique. Et du reste point n'est besoin de le lire dans vos manuels, le fait est là. Dans l'humanité il est des hommes supérieurs. Vos doctrinaires, vous mêmes, les Haeckel, les Galton, les Darwin l'avez constaté. Haeckel même trouve qu'il y a moins de différence entre un singe et un homme ordinaire, qu'entre un génie et ce même homme. Or si vous établissez l'égalité sociale ou socialiste, comme vous ne pourrez pas élever les idiots et les crétins au rang des génies, vous abaisserez ceux-ci au niveau commun... Et alors ce seront les hommes supérieurs qui se révolteront. Vous aurez beau faire, vous ne pourrez pas empêcher l'inégalité naturelle que vous constatez partout de produire l'effet qu'elle produit naturellement d'après vous, c'est-à-dire la lutte pour l'existence : la lutte pour la victoire qui est la vie... Et alors je reviens à ma question : comment, pourquoi, l'homme qui sait qu'il n'est qu'un animal luttant pour la vie aura-t-il des sentiments altruistes ? Qui poussera le crétin à admettre la supériorité et le commandement des intelligents ?... Sa raison peut-être... ô inconséquents ? Ou par contre, qui forcera l'homme supérieur à vivre sur le pied d'égalité avec le crétin ?... Pourquoi cette abnégation ? Étant plus intelligent, plus pondéré, plus sage, il a droit à plus de liberté, il le sait ; et d'autre part pour ses recherches, ses inventions, ses plaisirs même, il a besoin de ce surcroît de liberté... Pourquoi en ferait-il abandon en faveur des idiots incapables de se conduire....? Par raison encore, lui qui sait que la lutte est la loi du progrès : la lutte et la victoire ?

M. Delage, comme nous l'avons vu tout à l'heure déclare qu'on doit garder la morale altruiste « parce que l'évolution nous y a amené » et qu'elle constitue un degré de supériorité sur les animaux : ce qui revient à dire tout simplement « parce que le mensonge de l'âme immortelle nous y a amenés », car ce qui nous a amené à ce degré d'altruisme ce n'est pas l'évolution, c'est le mensonge de St. Paul, de Platon et du Christ, instrument de cette évolution : ce qui fait que le mensonge est une supériorité. C'est stupide.

Ces messieurs se trouvent en présence d'une religion base de la société et de la morale actuelles. Faisant état de leurs découvertes scientifiques ils usent de tous les moyens possibles, pour la détruire — au nom de la vérité !!! et parce qu'elle repose sur un mensonge : Ils la détruisent ou presque. Arrivés à ce degré ils font semblant de s'apercevoir seulement des conséquences de leur victoire : Avec la religion va s'écrouler la société. La morale bouleversée sera la même pour l'homme que pour les animaux.

L'humanité ne présentera plus qu'un champ de bataille universel avec les forts d'autant plus durs pour les faibles qu'ils seront plus sûrs de l'impunité. Etre c'est lutter; vivre c'est vaincre. Alors ces messieurs prétendent nous faire croire que, la « vérité absolue existerait-elle », rien ne saurait les obliger à devenir des bêtes de proie. Ils entendent rester les hommes s'aimant comme des frères parce que l'évolution les a amenés à ce degré de supériorité. En un mot ils détruisent l'église parce qu'elle repose sur un mensonge et gardent sa morale malgré le mensonge qui a servi à la donner.

Je ne crois pas avoir jamais rien vu de plus absurde : détruire une religion au nom de la vérité et garder sa morale contre la vérité. Et je laisse à tout homme intelligent le soin de qualifier une telle... logique. Examinez cette proposition de tous les côtés, vous la trouverez toujours plus absurde.

Etre c'est lutter, vivre c'est vaincre. La lutte est partout. Ce qui crée de nouvelles espèces, c'est la lutte ; ce qui fait la supériorité, c'est la victoire dans la lutte : Voilà la théorie ! Et l'on voudrait que la pratique soit: aimons-nous ?

Votre vérité dit : les forts doivent triompher ; et vous voudriez que dans la vie ils partagent avec les faibles ?

Votre doctrine est : il n'y a pas d'égalité ; il y a plus de différence entre un homme supérieur et un sauvage qu'entre un sauvage et un singe. Et vous voudriez qu'en fait on fonde une Société sur le pied de l'égalité ?...

Vous voulez garder la morale actuelle parce qu'elle constitue un degré de supériorité sur les animaux. Mais la religion en constitue un plus grand... la gardez-vous ?

Vous voulez garder la morale religieuse contre la morale scientifique et naturelle parce que l'évolution vous y a amenés. Mais l'évolution vous a amenés à la religion, base de cette morale... la gardez-vous ?

Quel reproche faites vous à la religion ? Un seul ; elle est fausse. Vous la détruisez. Et vous comptez garder la morale contre la vérité. Car la morale actuelle altruiste est fausse ou ce sont vos théories qui sont fausses.

Et voilà l'impossibilité théorique par comble d'illogisme, voilà qui montre bien qu'en prétendant garder la morale altruiste vous mentez. Cette morale est fausse, vous le savez, mais vous prétendez la garder parce que l'évolution vous y a amenés et qu'elle constitue un degré de supériorité sur les animaux. Si cela était vraiment votre intention vous devriez tout faire pour la consolider.

Vous n'êtes pas à un mensonge près vous qui acceptez une morale contre la vérité. Or il n'y a qu'un moyen de consolider une morale d'autant plus fragile qu'elle est fausse. C'est de consolider ses bases.... Et vous détruisez la religion et la philosophie qui l'ont créée.

Mais me direz-vous cette morale n'est peut-être pas fausse. En disant que nous entendions la garder contre la vérité, nous ne faisions qu'une hypothèse, etc...

Ici vous vous heurtez alors à une impossibilité pratique : Jamais vous ne ferez croire que la doctrine « aimez-vous comme des frères » puisse être vraie si vos théories le sont.

D'après vous : C'est par la lutte pour la vie qu'on se perfectionne. Toutes les espèces ont formé d'autres espèces en luttant entre elles. L'homme actuel est le produit direct de cette lutte. Il est à remarquer que le type humain le plus perfectionné est celui vivant dans des climats tempérés où la concurrence vitale étant plus grande la lutte fut plus âpre. Vous dites, vous prêchez, vous enseignez cela. Et vous prétendez que pour l'humanité, par le seul fait de votre parole toute puissante, le contraire va se produire, arrêtant toute évolution. Depuis des millions et des millions d'années il aurait existé une lutte incessante et universelle pour que aujourd'hui il se crée une espèce d'hommes, ni trop bêtes, ni trop intelligents, moyens, communs, c'est cela très communs, qui ne lutteraient plus et n'évolueraient plus — car plus de lutte, plus d'évolution, ou vos théories sont fausses. Voilà l'impossibilité pratique qui vous arrête. Car en somme pour conserver les idées de Socrate, du Christ et de St-Paul, vous arrêtez l'évolution, comme cela, tout simplement, d'un trait de plume : comme un ministre arrête.... une nomination dans l'ordre du poireau.

Mais, dites-vous encore, la lutte continuera; seulement ce sera sous une forme moins terrible, sur le terrain économique par exemple, par la parole....

Pourquoi ?... on pouvait espérer cela avec la religion vraie ou fausse. Mais lorsqu'on dit à l'homme qu'il n'est qu'un simple animal, que sa vie est son seul bien, qu'il doit chercher le bonheur ici-bas et ne pas rêver des bonheurs éternels, pourquoi, s'il se sent le plus fort, s'il a par exemple une invention capable de le rendre invincible, une dynamite inconnue, un radium maniable, pourquoi hésiterait-il à en user et à terroriser l'humanité ? Pourquoi, en plus petit, un autre, si personne ne le voit, si sa situation le met au dessus du soupçon, pourquoi hésiterait-il à tuer tel vieillard millionnaire dont un sien ami héritera et partagera avec lui l'héritage? Pourquoi... du moment que la lutte est partout, qu'il n'y a pas d'autre juge que l'homme habillé de noir qui ne peut vous voir, pourquoi ?....

Il y a une impossibilité pratique à garder des théories altruistes en donnant comme vrai le transformisme. Si la lutte pour la vie existe, — et de votre propre aveu aucun transformiste ne le nie —, vous ne pouvez d'un trait de plume en empêcher les effets pour l'humanité. Et si elle s'applique à l'humanité vous ne pouvez la circonscrire à telle ou telle partie économique ou littéraire en en exceptant la société. Tenter d'y soustraire l'humanité c'est tenter d'arrêter l'évolution.

D'autre part, vouloir la diriger, la canaliser, cela ne peut se faire que par un mensonge. D'autres y ont songé avant vous. Platon au Livre III de sa République parle de ces mensonges dont la société ne peut se passer ; et le « Canard Sauvage » d'Ibsen est un des plus tragiques exemples de la nécessité du « mensonge vital » pour certaines classes d'individus. Et ce mensonge c'est la religion : c'est la fiction de l'âme immortelle rendant compte à Dieu de ses actes. Et ce mensonge vous l'avez détruit.

Vous aurez beau user de la raison, de l'intérêt, de la tradition, de l'égoïsme, de tout ce que vous voudrez pour donner des bases à votre morale altruiste ou même des apparences de bases : toujours vous vous heurterez à ce fait brutal que seule la crainte peut retenir un homme sur la pente du crime. Si bien que, n'ayant plus grâce à vous la crainte de Dieu, l'homme ne connaîtra que la crainte des hommes, et que s'il se croit à l'abri des représailles humaines, rien ne l'empêchera de tuer ou de voler — à moins que vous ne comptiez pour cela sur le transformisme qui lui dit : l'homme n'est qu'un animal comme un autre, la lutte est la loi de la vie et la victoire excuse tout. Il faut être privé de bon sens pour songer un instant qu'en enseignant : être c'est lutter et vivre c'est vaincre, on peut conclure, aimez-vous les uns les autres.

Dites-moi que les petits s'associeront pour se défendre des forts et qu'en tant que petits, ils s'aimeront entre eux dans leur haine des puissants : c'est possible ; c'est probable même. Mais en tant que petits pouvant devenir puissants par un coup de maître, ils n'auront rien pour les empêcher d'employer tous les moyens. Mais la lutte sera toujours là, âpre et éternelle, entre tous ceux qui auront varié dans un sens supérieur, entre toutes les forces nouvelles qui sentiront en elles le ferment des espèces futures et toute la masse des petits, des crétins....., des hommes.

Ne me parlez pas du socialisme, comme panacée universelle. Vous savez mieux que moi qu'il est impossible. Dans le paradis de Jaurès, il y aura toujours des paresseux qui voudront profiter du travail des autres ; il y aura toujours des débauchés qui n'auront pas assez de leur part; il y aura toujours des gens d'ordre qui, par leur travail, leur sobriété, leur intelligence, se créeront une force potentielle quelconque que je me garderai bien d'appeler capital, mais qui sous un autre nom fera envie aux prodigues ; il y aura des femmes plus belles dont la possession sera un avantage ; il y aura des mets plus fins, des maisons plus confortables, des travaux moins fatiguants ; et tout cela, et bien d'autres choses encore, ce sont des sujets perpétuels de lutte, de lutte sourde, tenace, âpre et éternelle. Etre c'est lutter ; vivre c'est vaincre.

Partout dans l'humanité il y a lutte. Le mensonge religieux était parvenu à canaliser un peu le carnage. Vous avez déchiré le voile. Vous nous montrez ce qui se cache en réalité derrière les mots de morale, d'altruisme, de pitié et de bonté. Nous voyons partout la compétition, le concours, l'examen, c'est-à-dire la lutte pour telle ou telle place, pour tel ou tel avantage qui vous fera vivre. Nous allons donc lutter. Adieu franchise, honnêteté, respect de la vie et du prochain. Pourquoi garder toutes ces vieilles guitares. La lutte est partout : luttons. Par devant gardons, faisons parade de beaux sentiments, mais en dessous, sourdement, consciemment, vive la ruse, le mensonge, l'égoïsme et la férocité : Etre c'est lutter, vivre, c'est vaincre.

Voilà le raisonnement que vont se tenir les hommes de demain. Il n'est que trop facile de le vérifier par ceux d'aujourd'hui qui dans une large proportion le tiennent déjà quasi ouvertement et en tout cas le mettent en pratique. Ce n'est ni la morale de Nietzsche ni même la morale de Darwin : c'est tout simplement la morale naturelle. Et ceux qui comme M. Delage tenteraient de lutter contre elle, « quand bien même elle serait la vérité absolue », devront se souvenir que suivant le mot de Bacon : On ne commande à la nature qu'en lui obéissant.

CHAPITRE II

LA POLITIQUE SURHUMAINE

La Politique surhumaine

> Organiser scientifiquement l'humanité.
> Ernest RENAN.

Il n'y a actuellement qu'une explication scientifique naturelle et rationnelle de la vie : le transformisme. Cette explication est généralement admise. Hors d'elle, il reste la religion et le monde créé de Moïse.

Or le transformisme nous dit : dans la nature, l'inégalité est partout ; par la lutte pour l'existence, les forts triomphent des faibles ; ils forment des variétés supérieures qui grâce à l'hérédité deviennent bientôt des espèces véritables.

C'est pourquoi le savant docteur Nordau dans une diatribe violente contre Nietzsche a été forcé de convenir : « C'est une conviction aujourd'hui très répandue, que l'enthousiasme de *l'égalité a été une lourde erreur de la grande Révolution. On regimbe à juste titre contre une doctrine en opposi-*

tion avec toutes les lois naturelles. L'humanité a besoin d'une hiérarchie. Elle doit avoir des guides et des modèles. Elle ne peut se passer d'une aristocratie. »

Les seuls effets de la Révolution, ont été la suppression des droits d'hérédité et la conquête des droits d'égalité. Or, le dernier écolier quelconque sait que la loi de tout progrès biologique a pour principe l'hérédité des caractères acquis et les variations avantageuses.

La politique actuelle est donc anti-naturelle. Et le devoir de tout homme qui n'est ni sectaire ni ignorant est donc de faire tous ses efforts pour la détruire.

Ce devoir est d'autant plus impérieux que l'homme est plus élevé en science et en intelligence. Car alors, ce n'est pas un devoir, c'est une condition de vie et de mort.

Une politique anti-naturelle, ne peut que gêner la nature, qu'entraver sa morale. Et c'est ce qui arrive : La loi de la nature, le but de l'évolution, est la création d'animaux supérieurs ; la politique actuelle d'égalité sans hérédité empêche cette création.

Darwin a montré dans la Descendance de l'homme, comment en l'état actuel de la société les hommes supérieurs ne peuvent se développer. Il cite même un passage d'une étude de M. Grey qui tend à prouver qu'au bout d'une douzaine de générations dans un pays déterminé : « Dans l'éternelle lutte pour l'existence, c'est la race inférieure et la moins favorisée qui aura prévalu, et cela, non en vertu de ses bonnes qualités, mais en vertu de ses défauts. » Or cela est monstrueux et l'on comprend très bien que, comme l'indique M. Max Nordau qui ne peut être suspect de partialité puisqu'il traite Nietzsche de fou furieux, « on regimbe contre une doctrine *en opposition avec toutes les lois naturelles.* »

Cette doctrine égalitaire est si absurde du reste que tout la combat.

La simple observation, l'histoire nous montre toujours l'humanité divisée en classes dont les plus fortes font tous leurs efforts pour asservir les plus faibles, selon la loi de l'évolution naturelle.

On ne peut contester, en effet, que toutes les noblesses ne soient des manifestations inconscientes de cette loi de l'évolution qui veut que chaque espèce crée des variétés supérieures formant bientôt de véritables espèces nouvelles.

Oui, me dira-t-on, mais aucune de ces manifestations n'a réussi.

Croyez-vous que je l'ignore ? Mais qu'est-ce que cela prouve ? Uniquement que ceux qui en furent les instruments n'étaient pas les plus forts : les « plus aptes qui persistent. »

Darwin a déclaré que : pour les vertébrés l'évolution va clairement vers un progrès intellectuel. Tout le prouve : depuis la paléontologie et l'anatomie comparée qui montrent nettement que les mammifères actuels, sans avoir varié sensiblement quant au reste du squelette, ont le crâne beaucoup plus développé que leurs ancêtres de l'époque tertiaire ; jusqu'au magnifique essor qu'a donné à l'humanité la pensée créatrice de quelques puissants génies.

Du reste il n'est pas besoin d'être grand clerc pour reconnaître que ce n'est pas actuellement le plus fort physiquement : la brute superbe, aux biceps doubles comme ceux de Tartarin, qui l'emporte dans la lutte pour l'existence ; mais au contraire, le plus fort intellectuellement : Force de nos jours est synonyme d'intelligence. L'évolution humaine en est la meilleure preuve ; et voilà déjà longtemps que Pascal, d'après elle seulement, a dit : « C'est la pensée qui fait l'être de l'homme, et sans quoi on ne peut le concevoir... toute notre dignité consiste dans la pensée. C'est de là qu'il faut nous relever...»

Ces considérations expliquent — naturellement — l'échec de toutes les noblesses, en tant que tentatives surhumaines. Toutes avaient la force brutale pour fondement. Aucune ne suivait l'évolution naturelle ; et l'on ne va pas contre la nature dans la nature.

Mais, malgré leur échec, toutes ces noblesses témoignent indiscutablement que l'espèce humaine, pareille aux autres espèces, a de tout temps été composée de plusieurs races ou variétés dont les plus fortes, suivant les lois de l'évolution, tendaient à asservir les plus faibles en formant des espèces supérieures.

De nos jours encore ces tendances se manifestent comme par le passé quoique plus sourdes et plus naturelles.

Songez seulement au fossé infranchissable existant entre les penseurs, hommes vivant autant cérébralement qu'autrement, et le reste de l'humanité, la majorité, les « ruminants » qui vivent pour manger et mangent pour vivre. Il y a certainement plus de différence entre eux qu'entre un sauvage préhistorique et un gorille.

Nul ne peut nier en effet que les penseurs, — artistes, philosophes, savants, explorateurs de la pensée ou de la nature — ne soient une variété dans l'espèce et que cette variété plus forte, mieux adaptée n'ait tout intérêt à former une noblesse — que dis-je tout intérêt : c'est pour les penseurs une question de vie ou de mort.

Depuis qu'il existe des hommes plus ou moins supérieurs, la masse, par instinct de conservation peut-être et avec une énergie sourde et tenace, s'applique à les détruire — et y arrive. Pendant leur vie, n'admettant ni ne comprenant leurs travaux, elle les affame et les oblige à manger leur pain à la sueur de leur front. C'est toujours autant de gagné ; car il est évident que les heures passées par un Spinoza à polir des verres de lunettes étaient prises sur le temps qu'il aurait dû employer à penser son Éthique. Obligé de prendre sur son sommeil pour écrire ses théorèmes géniaux, ce grand philosophe est mort à la peine : c'est ainsi que la masse nous « élimine ». Sa raison d'être est argent, la nôtre est pensée : il est évident que nous ne pouvons plus vivre, que nous sommes vaincus d'avance dans un milieu où la fortune est tout : Il nous faut sortir du milieu ; et « c'est sortir de l'humanité que de sortir du milieu », a dit Pascal.

Si encore, une fois morts, elle nous laissait dormir en paix. Mais ses sarcasmes, ses railleries, ses savantes déformations et contrefaçons de nos doctrines nous poursuivent au-delà du tombeau, plus terribles pour notre pensée supérieure que les misérables marchandages avec lesquels elle nous affamait de notre vivant. Et de même que notre postérité spirituelle, notre postérité physique n'est pas à l'abri de ses coups. Les conditions d'existence, les usages, l'éducation : le milieu en un mot a vite fait de réduire nos fils au niveau commun — oh ! combien ! — et de détruire une variation avantageuse d'autant plus facile à déformer qu'elle était plus récente.

Il en est qui recherchent pourquoi les génies n'ont pas de postérité : Il faut sortir du milieu ! Il faut sortir de l'espèce !

La plupart des penseurs — et non des moindres — ont très bien senti ce besoin incessant et terrible qu'avait la masse de les annihiler, de les étouffer, de les détruire. Combien s'en sont plaints ? Lisez la Correspondance de Flaubert, les « Aphorismes » de Schopenhauer, l'« Avenir de la science » de Renan, le théâtre d'Ibsen, les poèmes de Byron et de Gœthe. Et surtout lisez Vigny : Vigny mieux que tout autre a compris le danger. Toute son œuvre n'est qu'une protestation contre cet état de choses, protestation que résume admirablement son Chatterton dans lequel, déclare-t-il, il n'a eu d'autre but que de « montrer l'homme spiritualiste étouffé par une société matérialiste. »

Mais je vais trop loin. Il me suffit d'avoir démontré qu'il existe bien dans l'espèce humaine des variétés ou des classes dont les unes doivent dominer les autres.

Aux hommes supérieurs de savoir s'ils veulent vivre. La science leur fournit la certitude. Leur intérêt est en jeu — et leur intérêt, ne

l'oublions pas, est celui de la vie elle-même — :
Pourquoi hésiteraient-ils ?

De tous temps les penseurs ont reconnu cette nécessité du gouvernement des hommes supérieurs.

Qui ne se rappelle la fameuse prédiction de Platon au livre V de sa République : « A moins que les philosophes ne gouvernent les états, ou que ceux qu'on appelle aujourd'hui rois et souverains ne soient véritablement et sérieusement philosophes, de sorte que l'autorité publique et la philosophie se rencontrent ensemble dans le même sujet, et qu'on exclue absolument du gouvernement tant de personnes qui aspirent aujourd'hui à l'un de ces deux termes, à l'exclusion de l'autre ; à moins de cela, mon cher Glaucon, il n'est point de remède aux maux qui désolent les Etats, ni même à ceux du genre humain : » Et que ce terme de philosophe ne vous fasse pas penser aux funambulesques et séniles créateurs de systèmes nébuleux et vides : Platon après s'être moqué de ces faux philosophes donne de ce qu'il entend par ce mot une explication qui rappelle l'homme supérieur Darwinien, puis conclut : « il n'en faut pas croire Solon lorsqu'il dit qu'un vieillard peut apprendre beaucoup de choses. Il serait plutôt en état de courir : non, *tous les grands travaux sont pour la jeunesse.* » ?

Qui ne sait également qu'Aristote montre le gouvernement aristocratique comme le plus sensé ; prenant soin d'expliquer dans sa Rhétorique qu'aristocratie, étymologiquement, veut dire : gouvernement des meilleurs ?

Qui peut ignorer que Comte met au sommet de sa société : « le sacerdoce qui conseille et le patriciat qui commande » en déclarant que « tout choix des supérieurs par les inférieurs est profondément anarchique » et « qu'il n'existe point de société sans gouvernement » ?

Qui songe à nier la justesse de cette réflexion de Schopenhauer : « La nature est ce qu'il y a de plus aristocratique au monde : toute différence que le rang ou la richesse en Europe, les castes dans l'Inde établissent entre les hommes, est petite en comparaison de la distance qu'au point de vue moral et intellectuel la nature a irrévocablement fixée ; et dans l'aristocratie de la nature comme dans les autres aristocraties, il y a dix mille plébéiens pour un noble et des millions pour un prince ; la grande foule, c'est le tas, plebs, mob, rabble, la canaille. C'est pourquoi, soit dit en passant, les patriciens et les nobles de la nature devraient aussi peu que ceux des Etats se mêler à la populace, mais vivre d'autant plus séparés et inabordables qu'ils sont plus élevés. »

Qui peut discuter cette aristocratie de la science dont parle Renan et qui à hanté toute sa vie de « l'Avenir de la science » aux « Dialogues philosophiques » ?

Il n'est pas un homme supérieur qui ne sâche tout cela. Pourquoi donc hésiteraient-ils ? Assez de réflexion, assez de pensées ! J'imagine que la science et la raison leur ont donné la certitude. Et voici longtemps que Chamfort a dit : « Il faut agir davantage, penser moins et ne pas se regarder vivre ».

Actuellement nous subissons la tyrannie des imbéciles, nous subissons la tyrannie de la majorité et les imbéciles sont en majorité.

Actuellement les deux pires crétins du monde ont le droit d'imposer leur volonté à l'homme le plus intelligent, le plus savant et le plus puissant.

Actuellement le peuple est souverain. Lui qui ne sait rien, qui ne veut rien savoir et qui n'a le temps de rien apprendre, il règlemente tout : science, art, éducation, pensée, liberté, morale. L'on ne nous parle que des besoins du peuple, des droits du peuple, de la volonté du peuple, de la science du peuple, de la poésie du peuple..... etc.

Or nous en avons assez du peuple, de ses lois et de ses mœurs !

Nous avons applaudi le docteur Stockmann d'Ibsen, quand il a crié au peuple : « La majorité n'a jamais raison. Je vous le répète : jamais ! C'est un de ces mensonges sociaux contre lesquels un homme libre de ses actes et de ses pensées doit se révolter. Qui est-ce qui forme la majorité des habitants d'un pays ? Est-ce les gens intelligents ou les imbéciles ? Je suppose que nous serons d'accord qu'il y a des imbéciles partout, sur toute la terre, et qu'ils forment une majorité horriblement écrasante. Mais, du diable ! cela ne pourra jamais être une raison pour que les imbéciles règnent sur les intelligents ! Oui, oui ! Vous pourrez bien étouffer ma voix par vos cris ; mais vous ne pourrez pas me contredire. La majorité a la force — malheureusement — mais elle n'a pas la raison. Moi, j'ai raison avec quelques rares individus. La minorité a toujours raison ».

Et le succès de Nietzsche est dû en grande partie à ses sarcasmes contre le peuple.

Mais il ne suffit pas d'applaudir et d'aimer les hommes supérieurs qui se moquent du peuple. Il faut mettre en œuvre leurs idées.

Que les penseurs réfléchissent : Logiquement et naturellement, par la force des choses et des idées, ils ne peuvent laisser plus longtemps la direction des peuples et des nations, la direction de l'humanité, la direction de l'évolution et sociale et naturelle — car tous ces faits s'enchaînent — aux mains de rois abrutis, dégénérés, noceurs et impuissants, de politiciens véreux, arrivistes sans foi ni loi, ou ce qui est pire, d'illuminés grandiloquents, sophistes et rêveurs, sans raison comme sans science. L'imprévoyance, l'inconséquence, l'incapacité, l'incurie de tous ces gens-là menace la vie elle-même. Les individus qui nous dirigent, à part quelques fous, utopistes très dangereux, ne songent qu'à se cramponner le plus qu'ils peuvent sur leur trône-percé ou à se faire une « position », une « situation ».

Il faudra bien que tôt ou tard, « ceux qui savent le pourquoi des choses », les savants prennent en main la direction des affaires, autant par devoir que par droit. Renan après Platon l'a compris il y a longtemps. « La science qui gouvernera le monde, ce ne sera plus la politique, dit-il ».

Et Flaubert l'a encore plus nettement déclaré. « Il faut que la question se vide, on la passe sous silence et au fond c'est la seule dont on se soucie. La philosophie ne peut pas continuer à se taire ou à faire des périphrases. Tout cela se videra par l'épée, vous verrez.... tout doucement la lutte va venir en Europe. Dans cent ans d'ici elle ne contiendra plus que deux peuples, les catholiques d'un côté et les philosophes de l'autre ».

C'est pour les hommes supérieurs une

nécessité absolue. En dehors de leur propre conservation, ils le savent : eux-seuls sont capables, en face des gouvernements à la va-te-faire-fiche, nès du hâsard, sans autre but que le présent et dont le mot d'ordre est : après-moi le déluge, eux-seuls sont capables d'organiser scientifiquement l'humanité, ce qui est, comme l'a dit Renan : « le dernier mot de la science moderne ».

Il faudra bien qu'ils en viennent là — eux qui savent qu'on ne commande à la nature qu'en lui obéissant. Seulement il est naturel que le jour où ils s'y seront décidés, malgré tout leur désintéressement, ils veuillent être tranquilles.

Or ils se trouveront alors dans l'alternative : ou de détruire entièrement l'humanité, ou de gouverner sans fin par la terreur, ou de persuader au peuple qu'ils sont des êtres supérieurs longtemps méconnus mais parfaitement existants. Il n'y a pas d'autre moyen. Et comme ils ont besoin de l'humanité pour les travaux des champs et des usines, comme la terreur n'est ni sûre ni pratique, ils seront forcés de choisir le dernier moyen et de faire croire au peuple qu'ils sont d'une espèce supérieure à l'humanité. Et c'est pourquoi la noblesse scientifique à venir doit être une surhumanité.

Le perfectionnement naturel des êtres organisés est basé sur les lois de l'hérédité ; les variations avantageuses ne peuvent se conserver dans un milieu qui n'a pas varié ; partout où les plus aptes peuvent se croiser avec les dégénérés, la sélection naturelle agit en vain : La condition primordiale de l'aristocratie scientifique est donc de sortir de l'espèce et de n'avoir plus de commun avec elle que les rapports de maître à animal domestique.

D'autre part, comme l'a très bien reconnu Confucius : « On peut forcer le peuple à suivre les principes de la justice et de la raison; on ne peut pas le forcer à les comprendre. »

L'humanité a besoin de dirigeants : c'est incontestable. Toute cette classe, toute cette foule de brutes qui ne savent ni ce qu'ils sont ni où ils vont et qui ne veulent pas le savoir, toute cette populace a besoin d'être conduite. Malgré les théories anarchistes, qui aboutissent du reste à leur opposé le socialisme, le peuple n'a jamais su que changer de maîtres. Il a fait des révolutions pour les autres. Et le plus que les pires démagogues lui aient accordé a été de se choisir des dirigeants, tout en lui niant la capacité de se conduire. Or, lorsqu'on ne sait pas se conduire on n'a aucune qualité pour se choisir des dirigeants car c'est déjà se conduire que choisir ses conducteurs. C'est dans ce cercle vicieux que l'on peut enfermer tous les républicains en leur posant ce dilemme : Ou le peuple est apte à se conduire, et alors il n'a pas besoin de dirigeants, parlementaires ou autres : c'est l'anarchie ; ou il n'est pas assez maître de lui pour cela, il obéit trop à ses passions et à ses besoins immédiats, et il n'a pas plus qualité pour se choisir des dirigeants que pour se diriger.

D'un autre côté, le peuple ne comprend pas les dirigeants de son espèce. Il n'a été heureux — autant qu'il peut l'être — qu'aux époques où il a cru à la supériorité des gens qui le gouvernaient ; qu'aux époques où il a cru les hommes qui le gouvernaient, d'une autre espèce que lui : nobles ou Dieux. Pour éviter les révoltes absurdes, les récriminations sans fin, pour donner aux hommes vulgaires, la tranquillité, la paix, le bonheur dans le renoncement après lesquels ils aspirent sans cesse, il faut que le peuple croie à la supériorité de ses dirigeants. Et le peuple qui se connaît ne croit qu'à la supériorité des gens qui ne sont pas de son espèce. Voilà pourquoi, tous les hommes intelligents, ayant assez de liberté d'esprit pour s'élever au-dessus des mesquines querelles de la politique, discernant les besoins du peuple, ont conclu qu'il fallait des Dieux pour gouvernerner les hommes ; car le peuple a tout autant besoin d'un gouvernement définitif que les hommes supérieurs de liberté.

Ces conclusions s'imposent à tout homme intelligent qui sans parti pris et conscient de lui-même observe ce qui forme les majorités plus ou moins compactes : le peuple et la bourgeoisie. Elles s'imposent tellement qu'elles sont en dernier ressort celles du plus grand prophète de l'égalité, de Jean-Jacques Rousseau déclarant, dans une lettre au Marquis de Mirabeau, qu'à son avis il faudrait : « établir le despotisme arbitraire et le plus arbitraire qu'il est possible. Je voudrais, dit-il, que le despote pût être Dieu ». Et pour bien montrer que c'était sa véritable opinion, il a dit la même chose dans son fameux « Contrat social » : « De lui-même, écrit-il, le peuple veut toujours le bien, mais de lui-même, il ne le voit pas toujours. La volonté générale est toujours droite, mais le jugement qui la guide n'est pas toujours éclairé. Il faut lui faire voir les objets tels qu'ils sont..., Il faudrait des Dieux pour donner des lois aux hommes. »

On comprend alors pourquoi le philosophe allemand Jacoby, après avoir étudié la sélection humaine a écrit : « Les hommes descendent des animaux et doivent devenir des dieux », car la sélection naturelle selon Darwin « agit en raison des places vacantes ou imparfaitement occupées. »

Et on ne trouve plus Nietzsche si fou d'avoir dit à l'avenant dans le « Gai Savoir » : « Dieu est mort ? et c'est nous qui l'avons tué ! Comment nous consolerons nous, nous, les meurtriers des meurtriers ?... Ne sommes-nous pas forcés de devenir nous-mêmes des Dieux ?... » ; et plus loin il ajoute, poursuivant la même idée : « ... ceci certainement, devrait avoir pour résultat un bonheur que l'homme n'a pas encore connu jusqu'ici, le bonheur d'un Dieu, plein de puissance et d'amour, plein de larmes et de rires... »

Et surtout, on comprend ce que voulait Ernest Renan, qui prophétisait l'aristocratie de la science, — non pas un Renan devenu gâteux comme l'insinue Faguet, mais le jeune homme plein d'enthousiasme, de raison et de savoir qui en 1848, dans son premier livre, l'Avenir de la Science, écrivait : « *Organiser scientifiquement l'humanité*, tel est donc le dernier mot de la science moderne, telle est son audacieuse, mais légitime prétention. Je vais plus loin encore. L'œuvre universelle de tout ce qui vit étant de faire Dieu parfait, c'est-à-dire de réaliser la grande résultante définitive qui clora le cercle des choses par l'unité, il est indubitable que la raison, qui n'a eu jusqu'ici aucune part à cette œuvre, laquelle s'est opérée aveuglément et par la sourde tendance de tout ce qui est, la raison, dis-je, prendra un jour en main l'intendance de cette grande œuvre et après avoir organisé l'humanité, organisera Dieu. »

Le surhomme c'est : l'ANTHROPOTHEOS.

CHAPITRE III

ACQUISITION DE LA VOLONTÉ

Acquisition de la Volonté

> Rien n'est impossible : il y a des voies qui conduisent à toutes choses ; et si nous avions assez de volonté, nous aurions toujours assez de moyens.
> La Rochefoucauld.

Darwin le dit textuellement dans « La Descendance de l'homme », et tous ceux qui se sont occupés de la question sont certainement de son avis : les vertébrés vont vers le perfectionnement intellectuel.

Le surhomme, animal supérieur à l'homme, sera donc plus intelligent que lui sans différer beaucoup comme structure anatomique.

Or actuellement la philosophie comme la science donnent la volonté comme fonction supérieure de l'intelligence.

Pour expliquer le mécanisme de la pensée, la philosophie scientifique — la seule qui compte — nous montre d'abord la sensation bientôt suivie de la mémoire, puis l'association, la comparaison des sensations anciennes et présentes ou réflexion, enfin le jugement, le choix entre les sensations entraînant lorsqu'il est sûr la décision inébranlable ou volonté. Grâce à la psychologie expérimentale, la science positive suit la marche de ce mécanisme : soit par l'étude de son fonctionnement sur l'individu, soit en contrôlant son évolution, des organismes les plus simples aux êtres les plus perfectionnés. Et, comme cela doit-être pour toute explication scientifique, les faits sont là qui prouvent la théorie : Ce qui fait la supériorité réelle, ce qui fait la force victorieuse de tout homme qui s'élève au-dessus de ses contemporains — et n'oublions pas que nous cherchons la supériorité qui donne la victoire dans la lutte pour la vie — c'est la volonté.

Le génie, le talent sont des mots. Qui prouvera que Cyrus, Alexandre, César, Mahomet et Napoléon aient eu du génie ou du talent ? Mais nul ne peut discuter que tous ces hommes dont la supériorité est manifeste, n'aient fait preuve d'une volonté inébranlable résultant d'un jugement sûr et d'une réflexion rapide. Et quand bien même on donnerait au « génie » une part prépondante dans la vie des hommes supérieurs, il suffirait de rappeler que selon le mot de Buffon : « le génie n'est qu'une longue patience », et qu'une longue patience doit toujours provenir chez un homme, d'une volonté ferme et sûre.

Le surhomme doit donc acquérir la Volonté. Or la première chose pour avoir de la volonté est de savoir ce qu'on veut.

Cela ressemble à une Lapalissade ; mais il est nécessaire de le rappeler. On confond trop souvent la volonté avec l'entêtement. Le volontaire, au sens peuple du mot, ne réfléchit à rien. Il veut inconsciemment : C'est le taureau qui foncera sur tout ce qu'il trouvera devant lui, qui un moment emportera tout peut-être.... jusqu'à ce qu'il s'assomme contre le premier mur venu. L'homme supérieur, au contraire, réfléchit, juge, décide. Ce n'est qu'après avoir pensé à tout, qu'il veut. Et s'il rencontre sur son chemin un obstacle imprévu..... il le tourne.

Savoir ce qu'on veut, c'est savoir pourquoi on veut et comment on veut : c'est avoir la connaissance positive et certaine des faits, des raisons et des causes qui vous font agir. Celui qui n'a pas la connaissance certaine de ce qui le fait agir ne peut avoir la Volonté. Pour avoir la Volonté il faut savoir ce qu'on veut, c'est-à-dire réfléchir au but, à la portée et aux conséquences de ses actes, en connaître les raisons et les causes, et ne les décider, ne les vouloir que s'ils sont possibles et pratiques. C'est pourquoi celui qui veut devenir un surhomme doit avoir pour maxime primordiale : SAVOIR CE QU'ON VEUT POUR VOULOIR CE QU'ON SAIT.

Au reste que cherchons-nous ? — Ce qui donne la victoire dans la lutte pour l'existence. Il n'est pas besoin de réfléchir longtemps pour comprendre que l'homme qui appliquera la maxime que je viens de donner, aura une supériorité incontestable sur ses rivaux. Celui qui sait ce qu'il veut va droit au but comme un homme qui marche dans la lumière ; tandis que celui qui ignore ce qu'il veut avance à tâtons dans la nuit, cherchant en vain ce qu'il ne conçoit pas. La défaite vient de l'ignorance, du doute, de l'indécision. Celui qui ne sait pas se trompe, hésite, temporise : Celui qui sait veut et agit. Assez d'impressions, d'imaginations, d'opinions, d'à peu près, de rêves et d'illusions, assez du flou, du mystérieux, du vague, de l'incompris et de l'inconnu, assez d'indécis, d'imprécis, d'inverti ; tout cela c'est de l'ignorance, de la paresse ou de l'imbécilité : Quand on veut être un surhomme il faut SAVOIR POUR VOULOIR.

Or comme la vie est la manifestation même de la volonté, le surhomme devra d'abord acquérir une connaissance — ou une certitude — quant à la nature de la vie, afin de se donner une règle de vie : autrement dit une morale. On y arrive facilement quand on procède avec méthode et science : On rejette d'abord toute métaphysique comme en dehors de l'observation et de l'expérience, c'est-à-dire de la science. En agissant ainsi on exclut la connaissance de l'univers. Mais qu'avons-nous besoin de connaître l'univers ? C'est notre vie que nous voulons régler et non celle du monde : Par conséquent c'est nous que nous devons connaître et non le monde entier. Or que sommes-nous ? Il n'y a pas de milieu : il faut choisir entre la formule religieuse et la formule transformiste. Nous n'avons que ces deux explications de la vie : Arnold Dodel l'a dit fort justement, le dilemme est « Moïse ou Darwin ». Et il n'y a pas à hésiter : la fable religieuse est absurde, contraire à toute raison et à toute science ; tandis que la théorie de la descendance est confirmée par toutes les acquisitions scientifiques. On ne peut admettre que la formule transformiste : l'homme est un animal comme un autre descendant d'animaux inférieurs. Cela c'est notre passé et notre présent. Sachant ce que nous sommes et d'où nous venons, il ne nous sera pas difficile de voir où nous allons et de régler notre vie d'après notre but. C'est simple en effet : si les animaux ont évolué des êtres les plus inférieurs jusqu'à l'homme, cette évolution ne s'arrêtera pas à l'humanité ; il y aura des espèces supérieures à l'espèce humaine qui sortiront d'elle comme elle est sortie de l'espèce singe. Nous allons donc *naturellement* vers une espèce surhumaine. Personne n'en peut douter : on le sait. Il ne reste qu'à *vouloir !* Il ne reste qu'à agir ! — C'est à cela qu'on reconnaîtra l'homme supérieur : le surhomme.

CHAPITRE IV

PERFECTIONNEMENT DE SOI-MÊME

Perfectionnement de soi-même

> Notre moi est pour nous tout l'univers.
>
> LE DANTEC.

Un homme supérieur qui lutte pour la vie ne connaît qu'une chose : lui-même.

Ainsi que nous l'ont appris les philosophes, le monde des corps n'existe pour nous qu'en tant que propriété de sensation. Le ciel, les étoiles, les astres n'existent, pour nous, que parce qu'ils ont la propriété de toucher notre sens de la vue. Pour un aveugle le feu n'existe que comme corps donnant de la chaleur. Un sourd, dans un orage, ne connaît que l'éclair : pour lui le tonnerre n'existe pas. C'est notre vie qui fait sortir le monde du néant : rien n'existait pour nous avant notre naissance ; rien n'existera pour nous après notre mort. Nous sommes donc, chacun en particulier, le centre du monde. Et le professeur le Dantec a donc raison de dire que notre moi est pour nous tout l'univers.

La preuve en est que la philosophie, qui n'a jamais pu prouver l'existence de l'univers, a acquis grâce à Descartes une certitude quant à nous-même : je pense donc je suis. Et cela si on avait été logique, si l'on avait compris Descartes, aurait dû avoir pour résultat de révolutionner les bases entières de la philosophie en renversant la nature, l'univers dont elle faisait son fondement intangible et en mettant l'homme à sa place. Car le mérite de Descartes n'est pas d'avoir dit : je pense donc je suis, qu'Aristote avait trouvé deux mille ans avant lui, mais d'avoir donné à la philosophie une base certaine, incontestable et rationnelle.

Nous ne savons rien sinon que nous existons et que nous avons des sensations.

Qu'on se figure l'état de quelqu'un qui perd l'usage d'un sens : toute une série de corps cessent d'exister pour lui du même coup. Qu'importent à un aveugle, la lumière, les couleurs, l'azur, les astres ? Qu'importent à un sourd, le tonnerre, la musique, le chant et la parole ? Qu'importent à un ladre, le chaud, le froid, le pointu, le rond, le carré ? Tout cela n'existe pas pour eux, de même que les odeurs ou les saveurs pour d'autres.

Dans la vie, pour chacun de nous, tout est subjectif : Concevoir le monde, c'est extérioriser son moi : c'est appliquer à l'univers une conception agrandie de notre moi. Voilà pourquoi l'homme qui a eu un commencement et qui aura une fin ne peut concevoir un monde éternel ; et voilà pourquoi également l'homme qui ne fait rien sans but ni sans raison cherche toujours partout le but où la raison du monde, alias les causes premières et les causes finales.

En morale, en science, en littérature, en philosophie nous sommes sans cesse la base de tout parce que nous ne pouvons rien concevoir sans nous.

Rentrez un peu en vous-même : Vous ne jugez que par vous. Le bien est votre bien, le mal votre mal. Le beau est ce qui vous plaît, le laid ce qui vous choque. Le vrai est ce que vous croyez, le faux ce que vous rejetez.

Tout est relatif. Chacun comprend d'après son état d'esprit, juge d'après son caractère, agit d'après sa volonté. Les mille morales, les mille constitutions, les mille façons de comprendre la vie et ses lois qui différencient les peuples proviennent simplement des mille besoins différents d'hommes vivant dans un autre climat ou dans un autre milieu.

Et cet égoïsme fondamental est si indéniable que tous les fondateurs de morales altruistes ont été obligés d'en faire la base de leur enseignement. En effet, que ce soit avec Dieu ou sans Dieu, lorsque des hommes supérieurs ont voulu inculquer à l'humanité des principes altruistes qui s'opposent à la lutte individuelle, ils ont été obligés de mettre en œuvre l'intérêt particulier. Si le Christ par exemple parvient à convaincre ses adeptes de s'aimer les uns les autres c'est en leur promettant le paradis. De même que si Confucius, tout en se passant du ciel et de Dieu, peut prêcher l'amour du prochain, c'est uniquement en disant : Ne fais pas à autrui ce que tu ne veux pas qu'on te fasse. Ainsi, si l'homme aime son prochain ce n'est ni par bonté, ni par amour inné : c'est par égoïsme, pour s'assurer contre les représailles soient célestes, soient humaines.

Cela tous les philosophes, tous les hommes supérieurs l'ont reconnu : « C'est pour leur bien ou pour ce qui leur semble tel, que les hommes font ce qu'ils font », dit Aristote en commençant sa Politique. Et dans sa Morale il explique : « On demande, s'il faut s'aimer soi-même plus que tout, ou porter son affection sur un autre? Car ceux qui s'aiment eux-mêmes de préférence à tout, sont généralement blâmés, et on les flétrit, en quelque manière, en leur donnant le nom d'égoïstes.... Cependant ce langage n'est d'accord ni avec les faits, ni avec la raison : car on dit, que celui qu'il faut le plus aimer est celui qui est le plus notre ami : et certes, notre ami le plus sincère, est celui qui ne nous veut du bien que pour nous-mêmes, quand tout le monde devrait l'ignorer. Or, c'est là précisément le caractère des sentiments que chacun a pour soi-même..... tout cela s'applique surtout à l'individu lui-même, puisqu'il est nécessairement son meilleur ami, et par conséquent c'est lui-même qu'il doit aimer. » Cela est concluant ; et il est inutile de citer ensuite ce qu'ont dit dans le même sens les Montaigne, les La Rochefoucauld, les Pascal, les Darwin, les Stuart Mill et les Renan. « Que conclure, à la fin... dit Obermann. C'est que l'homme étant peu de chose dans la nature, et étant tout pour lui-même, il devrait bien s'occuper un peu moins des lois du monde, et un peu plus des siennes ».

Le moi n'est donc pas haïssable. Nous devons nous aimer nous-même. La science l'affirme, ainsi que nous l'avons vu en traitant de la morale. La raison l'impose. Celui donc qui dirait le contraire aujourd'hui ne pourrait être qu'un ignorant, un imbécile, ou..... un menteur.

C'est pourquoi le surhomme, être supérieur qui ne connaît que ce qui est, ne connaît que son moi. Le moi, l'égoïsme est la base de toute morale et de toute pratique pour lui. Si bien que c'est par le perfectionnement de lui-même qu'il songe au perfectionnement de l'espèce. Car Confucius l'a dit fort justement : « le perfectionnement de soi-même est la base fondamentale de tout progrès et de tout développement moral ».

Il est évident en effet que le perfectionnement de soi-même — la culture du moi — doit être un des principes fondamentaux de la philosophie du surhomme.

Qu'est en effet le surhomme : un être qui se croit supérieur à son espèce et qui veut la dépasser : c'est-à-dire d'abord un être qui a un moi, qui ne juge que par lui et qui sent à tort ou à raison la valeur de son moi. Quel est son but ? La puissance, la domination, la victoire. Or à mesure qu'il vaincra, qu'il dominera, ses ennemis deviendront plus nombreux : il devra donc être plus fort, plus intelligent à mesure qu'il sera plus puissant ; et cette force, cette intelligence, il ne l'étendra qu'en se cultivant, qu'en se perfectionnant. La culture du moi, le perfectionnement de soi-même est donc le soin de chaque minute du surhomme.

On doit songer en effet que l'évolution est partout et qu'elle agit toujours. Tandis que nous nous arrêtons la vie continue. Celui qui se néglige une minute peut se dire que des milliers d'êtres utilisent cette minute à évoluer et ont ainsi une avance sur lui. Le perfectionnement de soi-même est la loi de tout instant dans un monde où tout le monde lutte et où les plus aptes sont seuls à persister.

A quoi bon avoir été l'objet de la sélection naturelle hier, ou même aujourd'hui ? Qu'importe d'être une heure ce plus apte qui persiste si l'on doit être vaincu demain ? Ce qu'il faut, c'est la victoire demain, toujours ; c'est être demain et toujours le plus apte. Et du moment que l'évolution continue, que tout progresse et se perfectionne nous devons progresser également : nous devons nous perfectionner nous-mêmes.

Or de même que pour avoir de la volonté il faut d'abord savoir ce qu'on veut : de même pour perfectionner son moi il faut d'abord avoir un moi.

Et c'est à cela que l'on reconnaît le surhomme, l'homme supérieur : Toute philosophie qui a commencé par enseigner la culture du moi a été bientôt amenée à la théorie de l'homme supérieur ; car seul l'homme supérieur a un moi.

Si Confucius dans le Ta-hio ou la grande étude montre le perfectionnement de soi-même comme le but de la philosophie, dans le Tchoung-Young ou l'invariabilité dans le milieu et dans le Lun-Yu ou les entretiens philosophiques, ces livres classiques de la Chine, il en arrive à ne plus considérer comme digne de sa philosophie que l'homme supérieur parce que « contrairement à l'homme vulgaire : l'homme supérieur s'élève continuellement en intelligence et en pénétration. » Et de même Aristote qui vante le gouvernement aristocratique comme le meilleur étymologiquement et pratiquement.

Pour cultiver son moi, il faut avoir un moi. Pour se perfectionner il faut déjà exister. Or avoir un moi, exister en tant qu'individu, cela suppose une indépendance d'esprit, de jugement et de volonté que seul un homme supérieur peut avoir.

Croyez-vous qu'il a un moi le professeur qui répète sans les comprendre les leçons que lui enseigna jadis un autre professeur qui ne les comprenait pas plus ? Croyez-vous qu'il a un moi l'homme qui juge d'après l'opinion générale et qui croit à toutes les idées reçues ? Croyez-vous qu'il a un moi celui qui ne s'inquiète de rien pourvu qu'on le laisse tranquille ? Est-ce avoir un moi que de faire partie de la foule, qu'accepter des lois, des conventions, des coutumes faites pour la multitude et agréées par elle ? Peut-on avoir un moi quand rien ne vous distingue du commun, quand vos pensées sont des lieux-communs, vos paroles des formules et vos volontés des soumissions ? — Non ! Avoir un moi c'est juger par soi-même, c'est vouloir à cause de soi-même et agir pour la même raison ; c'est remplacer la mémoire du professeur par la compréhension, l'intelligence de l'inventeur ; c'est n'admettre que ce que l'on sait, ne croire que ce que l'on comprend, ne juger que ce que l'on connaît et n'agir que vers un but. Et c'est pourquoi il faut être supérieur pour avoir un moi.

Avoir un moi : c'est être soi-même, selon le mot d'Ibsen. Et pour être soi-même il faut se connaître, savoir ses besoins, ses aspirations, sa puissance : Comment se connaîtrait-il, comment serait-il lui-même, comment saurait-il ses besoins et son pouvoir celui qui vit sous le régime commun, avec les lois communes et des mœurs encore plus communes — et qui s'en trouve bien.

L'homme supérieur est indépendant. Il est lui-même sa propre loi. Il ne connaît d'autre bien que le sien, d'autre maître que lui-même ou que la nature. Et c'est cela qui s'appelle avoir un moi.

Ceci ne peut aller l'un sans l'autre : Si vous êtes supérieur c'est que vous avez un moi qui affirme sa supériorité ; si vous avez conscience de votre moi c'est que vous êtes supérieur.

Ainsi donc tous ceux qui ont foi en eux, qui ont de l'ambition, de la volonté de puissance : tous ceux qui aspirent à quelque chose, qui ont des idées à réaliser ou une puissance à acquérir : tous ceux là ont un moi et sont supérieurs. Pour être des surhommes il ne leur manque que de cultiver leur moi.

L'homme supérieur est un homme qui se sent un moi : Le surhomme est celui qui a perfectionné ce moi.

CONCLUSION

AUX AMES HÉROIQUES

CONCLUSION

Aux âmes héroïques

> Votre société est une société d'épicier....
> Nous sommes les jeunes. Le temps nous appartient comme nous appartenons au temps. Notre droit est notre devoir ; place à toutes les forces, à tous les esprits qui sentent leur force ! Nous allons, si vous le voulez bien, contracter une alliance. Le règne du sac d'écus est fini.
> IBSEN.

Aux âmes héroïques j'apporte des temps héroïques.

Un Épicier National a pu dire : « les temps héroïques sont passés, frappons à la caisse » il n'aura fait que se peindre lui et son idéal d'épicier, car il y aura toujours des temps héroïques pour les âmes héroïques comme de la lâcheté pour les lâches.

Aux âmes héroïques je dis donc : Vous vivez dans une société d'épiciers dont la puanteur ambiante vous étouffe. Vous n'avez plus ni les mêmes besoins, ni les mêmes aspirations, ni le même idéal que tous ces épiciers. Ils frappent à la caisse. Leur Dieu est l'argent ; leur âme, la monnaie. Ne sachant où ils vont, ils ne demandent qu'à fuir les responsabilités ; et pour cela, se donnent des maîtres et des lois : Vous ne cherchez qu'à être vous-mêmes. Ils ont besoin de travail pour leur éviter l'ennui et toutes les folies qu'il engendre : Vous avez besoin de manœuvres pour les besognes de brutes, et de liberté pour vos pensées. Ils aiment à grouiller, à fourmiller, à se sentir les coudes, (à croire que les émanations de leurs sueurs mutuelles leur redonnent des forces); ils s'associent, ils se syndiquent, ils se fédèrent ; ils veulent être le nombre, la société, la majorité pour avoir l'illusion de la force : Vous êtes vous-mêmes ; vous vous suffisez à vous-mêmes ; c'est dans la solitude que vous avez conscience de votre valeur et de votre supériorité. Leur travail n'est pas votre travail : travailler, pour l'homme du peuple, c'est gagner de l'argent. Leur vie n'est pas votre vie : être, pour le bourgeois, c'est avoir de l'argent, vivre, pour l'homme du monde, c'est dépenser de l'argent. Or vous êtes des philosophes, des savants, des penseurs, des artistes : Pour vous, travailler c'est connaître, c'est vous connaître, c'est connaître le monde et les choses ; être, c'est penser ; vivre, c'est réaliser vos pensées. Vous n'avez donc rien de commun avec ces gens-là moralement ; vous ne devez donc rien avoir de commun avec eux; socialement : Il faut sortir de la société ! Il faut sortir du milieu ! Il faut sortir de l'espèce ! Cela est aussi indispensable pour vous que pour vos pensées et que pour votre postérité — pour la race. C'est la majorité qui vous gouverne et les imbéciles sont en majorité : N'en avez-vous pas assez d'être gouvernés par les imbéciles ? Les impulsifs, les exaltés, les dégénérés, les idiots, les apathiques et les veules ; tous les faibles qui n'ont ni intelligence, ni volonté, tous les malades qui ne savent ni où ils vont, ni ce qu'ils veulent, tous les inconstants qui, changeant perpétuellement, ne peuvent arriver à avoir un moi, à être : tout cela c'est la majorité : tous ceux-là ce sont les imbéciles. Vous êtes l'élite, c'est-à-dire la minorité, et vous acceptez la morale, la loi, les usages et les idées de la majorité, c'est-à-dire des imbéciles. Vous avez beau crier contre l'absurdité des lois, les abus du pouvoir, la fausseté de la justice et les idioties des usages ; ce n'est pas aux faits qu'il faut s'en prendre ; il faut remonter aux causes ; et les causes de l'imbécilité des lois et des usages sont les imbéciles qui font ces lois et ces usages, comme celles de l'imbécilité du milieu sont les imbéciles qui forment le milieu. Il faut secouer la sourde et stupide tyrannie des imbéciles ! Il faut sortir du milieu ! Il faut sortir de l'espèce ! En face des imbéciles décrépits et désespérés, vous êtes les jeunes pleins d'enthousiasme, d'idéal et de foi. La morale de Darwin vous enseigne que le temps vous appartient comme vous appartenez au temps. Votre droit est votre devoir. En face des hésitants, des inconstants et des veules, en face des faibles, vous êtes la force : vous êtes les esprits qui avez conscience de votre force. Comme dit Ibsen : Place à toutes les forces, à tous les esprits qui sentent leur force ! Nous allons, si vous le voulez bien, contracter une alliance. Le règne du sac d'écus est fini :

IL FAUT ORGANISER SCIENTIFIQUEMENT L'HUMANITÉ.

TABLE DES MATIÈRES

INTRODUCTION
Ce qu'est en réalité la théorie du surhomme......... 7

CHAPITRE I
La morale surhumaine............................. 13

CHAPITRE II
La politique surhumaine........................... 39

CHAPITRE III
Acquisition de la volonté......................... 50

CHAPITRE IV
Perfectionnement de soi-même...................... 67

CONCLUSION
Aux âmes héroïques................................ 70

Imprimerie L. Labrunie, Pamiers (Ariège)

www.ingramcontent.com/pod-product-compliance
Lightning Source LLC
LaVergne TN
LVHW050649090426
835512LV00007B/1113